Sieglinde Holl

Teddybären-Fensterbilder

aus Tonkarton

Vorlagen in Originalgröße

Augustus Verlag

Vorwort

Lieber junger Leser,

herzlich willkommen im Kreis der Fensterbilder-Fans! Ganz bestimmt wirst Du von Anfang an Spaß am Basteln haben, und Deine Bilder werden genauso schön wie hier gezeigt. Denn Schritt-für-Schritt-Anleitungen zeigen Dir genau, wie's gemacht wird. Dazu gibt's alle Schnittvorlagen in Originalgröße: Einfach auf Tonpapier oder Moosgummi abpausen oder fotokopieren und los geht's!
Die fertigen Basteleien kannst Du ans Fenster kleben oder als Mobile in Deinem Zimmer aufhängen. Bei den Mobiles brauchst Du ein bißchen Geduld, um das Gleichgewicht der Figuren auszupendeln. Laß Dir von Deinen Eltern helfen oder mach erst einmal ein Mobile mit zwei Figuren, das ist kinderleicht. Wenn Du Geschwister hast, die noch ganz klein sind, wirst Du ihnen viel Freude mit den farbigen Tierfiguren machen, die bei jedem Lufthauch lustig tanzen. Natürlich ist so ein Fensterbild oder Mobile auch ein tolles Geschenk für Deine Freunde und Freundinnen. Immer ist Dein Lieblingstier dabei: der Teddybär. Mal reitet er auf einem Schmetterling, mal fliegt er mit Luftballons der Sonne entgegen. Sogar bis ins Weltall reist der kleine Teddy und lernt Mond, Sterne und Planeten kennen. Dann spielt er mit den Seelöwen und Fischen im Wasser, den Tieren vom Bauernhof oder mit seinen Freunden zu Hause… Welcher ist der lustigste Teddy? Such Dir das schönste Motiv aus und fang einfach an! Viel Spaß beim Basteln wünscht Dir

Deine

Inhalt

Material und Werkzeug

Als *Schneideunterlage* eignen sich entweder ein Stück Linoleum, ein dicker Pappkarton (es kann die Rückseite von Deinem Zeichenblock sein) oder eine Glasscheibe (aus einem alten Bilderrahmen).

Tonkarton oder Fotokarton gibt es in vielen verschiedenen Farben und Stärken. Ich verwende am liebsten den 300g/qm starken Karton in der Größe 50 x 70 cm oder Tonpapier, 130g/qm, in der Größe 50 x 70 cm.

Die Fensterbilder und Mobiles sind aus Fotokarton geschnitten; Kleinteile wie Augen oder Innenohren, die Du auf die Figur flächig aufklebst, kannst Du auch aus dem schwächeren Tonpapier ausschneiden.

Zum Ausschneiden der Motive verwende ich ein *Cutter- oder Abbrechklingenmesser*, manchmal auch eine *spitze Schere* (Silhouettenschere).
Mit dem *Bürotacker* hefte ich die Papiere zusammen, damit sie beim Ausschneiden nicht verrutschen.

Außerdem brauchst Du noch:
bunte Filzstifte, um die Gesichter und Mundöffnungen einzuzeichnen; evtl. einen weißen Lackstift (Kreul);
einen *Bleistift* zum Übertragen der einzelnen Vorlagen auf den Fotokarton;
einen *Bleistiftspitzer*;
einen *Radiergummi*, um die Linien, die nicht weggeschnitten wurden, wieder zu entfernen;
Pauspapier oder Transparentpapier, um das Motiv vom Vorlagebogen abzupausen;
doppelseitiges Klebeband, wenn Du die fotokopierten Vorlagen auf dem Fotokarton befestigen willst;
Nähseide, um die einzelnen Figuren an den *Rundholzstäben*, die etwa 6 mm stark sein sollen, aufzuhängen.
Nimm keinen lösungsmittelfreien *Klebstoff*, sonst werden die Fensterbilder wellig.

So – nun kann's schon losgehen.

Ganz einfach: Motive übertragen

Hier drei Möglichkeiten, wie Du die Vorlagen auf Tonkarton oder Moosgummi übertragen kannst:

1. Durchpausen: Pause die Motive mit Transparentpapier ab, indem Du alle Linien sorgfältig mit weichem Bleistift nachziehst. Nun drehst Du das Pauspapier um, so daß die Rückseite oben liegt. Zeichne alle Linien, die Du gerade auf die Vorderseite abgepaust hast, nochmals auf der Rückseite nach. Dabei eventuell den Bleistift mehrmals anspitzen. Jetzt drehst Du das Transparentpapier wieder zurück auf die rechte Seite und legst es mit der Unterseite auf den Tonkarton oder Moosgummi. Du kannst es mit etwas Tesafilm auf Deiner Arbeitsplatte befestigen, damit nichts verrutscht.
Die Bleistiftlinien mit einem Falzbein, Scherengriff oder Messerrücken mit leichtem Druck durchtreiben. Wenn Du das Pauspapier wegnimmst, sind alle Linien auf Deinem Bastelmaterial gut zu sehen.
Auf diese Weise kannst Du eine Vorlage mehrmals übertragen.

2. Fotokopieren: Vorlagen fotokopieren. Dann die Kopien mit doppelseitigem Klebeband auf dem Tonkarton oder Moosgummi befestigen.
Konturen vorsichtig mit dem Cutter- oder Abbrechklingenmesser nachziehen. Dabei die Papierlagen mit einer Hand festhalten oder vorher mit einem Bürotacker zusammenheften.

3. Schablonieren: Die Vorlagen mit Transparentpapier durchpausen und mit beidseitigem Klebeband auf einen weißen oder grauen Tonkarton kleben. Dazu eignet sich auch sehr gut die Rückseite eines Zeichenblocks.
Konturen genau nachschneiden. Jetzt legst Du die Schablone(n) auf den Tonkarton oder Moosgummi und umfährst die Konturen mit einem spitzen Bleistift. Diese Methode ist am besten, wenn Du ein Motiv mehrfach übertragen willst.

So schneidest Du die Motive aus

Mit einer Glasplatte als Schneideunterlage kannst Du die Motive mit dem Cutter- oder Abbrechklingenmesser sehr sauber und randscharf ausschneiden. Linoleum oder fester Karton eignen sich ebenfalls als Schneideunterlage. Du mußt nur nach häufigem Gebrauch die Unterlage wechseln, damit Du mit der Klinge nicht in eine alte Schneidespur kommst und der Schnitt nicht mehr gerade ist. Wenn die Schnitte nicht mehr glatt werden, ist die Klinge stumpf und muß gewechselt oder abgebrochen werden: Dafür hat das Abbrechklingenmesser eine Abbrechhilfe am oberen Ende. Halte das Cutter- oder Abbrechklingenmesser wie einen Füllfederhalter und schneide locker und zügig. Schneide immer von innen nach außen, also erst die Innenschnitte, dann die äußeren Konturen. Arbeite die Motive doppelt, dann sehen sie von beiden Seiten schön aus. Wenn Du ein Motiv in einem Arbeitsgang zweifach fertigen willst: Verwende Tonpapier, es läßt sich leichter schneiden als der festere Fotokarton. Lege zwei Bögen Tonpapier übereinander, hefte sie mit dem Bürotacker zusammen, damit es nicht verrutscht, und schneide die Pauslinien mit weg. Wenn Du die Rundungen nicht so exakt ausgeschnitten hast, kannst Du sie immer noch mit der Silhouettenschere nachschneiden. Je öfter Du den Cutter benutzt, desto sauberer werden deine Schnitte: Übung macht den Meister!

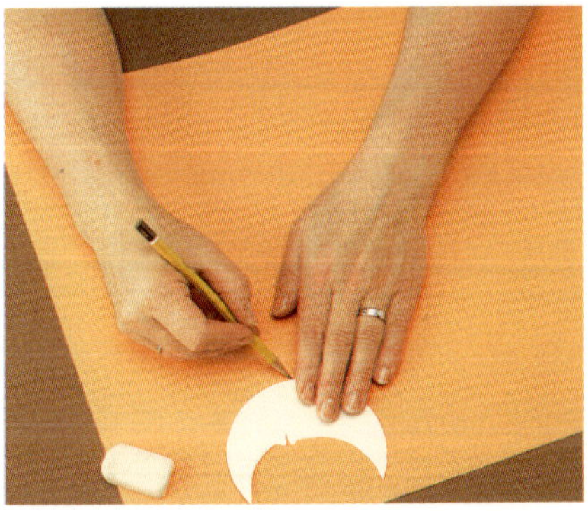

Mit einer Schablone werden hier die Umrisse eines Mondes auf Tonkarton übertragen

Zum Ausschneiden nehme ich eine spitze Schere oder ein Cutter-Messer

Die Kleinteile schneide ich aus Tonpapier, bestreiche sie mit ganz wenig Klebstoff und klebe sie auf Mond und Teddy

Mit einem feinen schwarzen Filzstift zeichne ich das Gesicht des Bären auf

So hängst Du Fensterbilder auf

Alle Fensterbilder in diesem Buch werden entweder mit doppelseitigem Klebeband auf der Fensterscheibe befestigt oder mit einem Aufhängefaden: In diesem Fall findest Du einen Hinweis auf den Schwerpunkt des Motivs, also die Stelle, an der Du das Nähgarn am besten anbringst. Dazu fädelst Du den Faden in eine Nähnadel, stichst damit von vorn nach hinten durch, verknotest den Faden, gibst ein Tröpfchen Kleber auf die Einstichstelle – fertig!

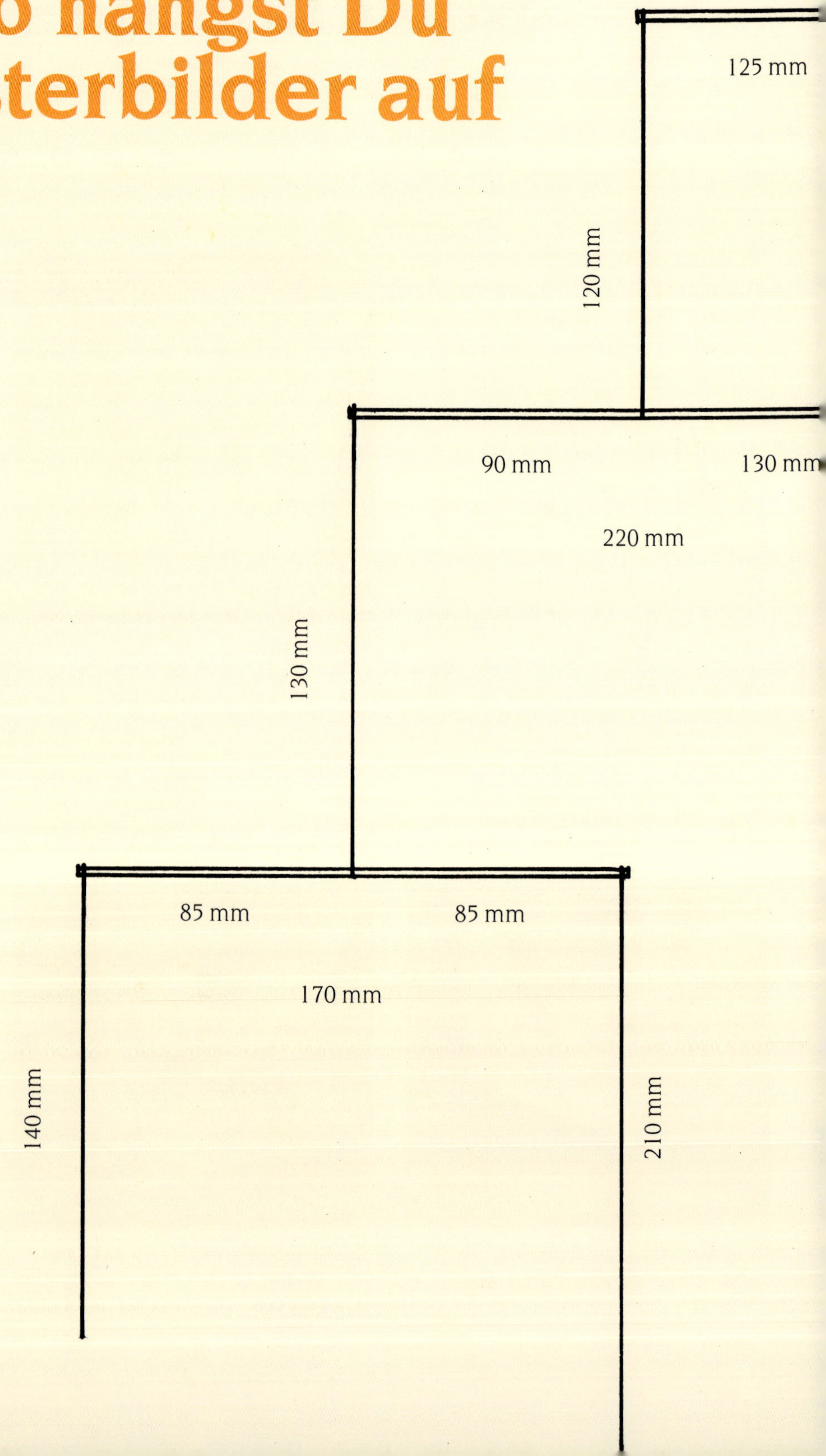

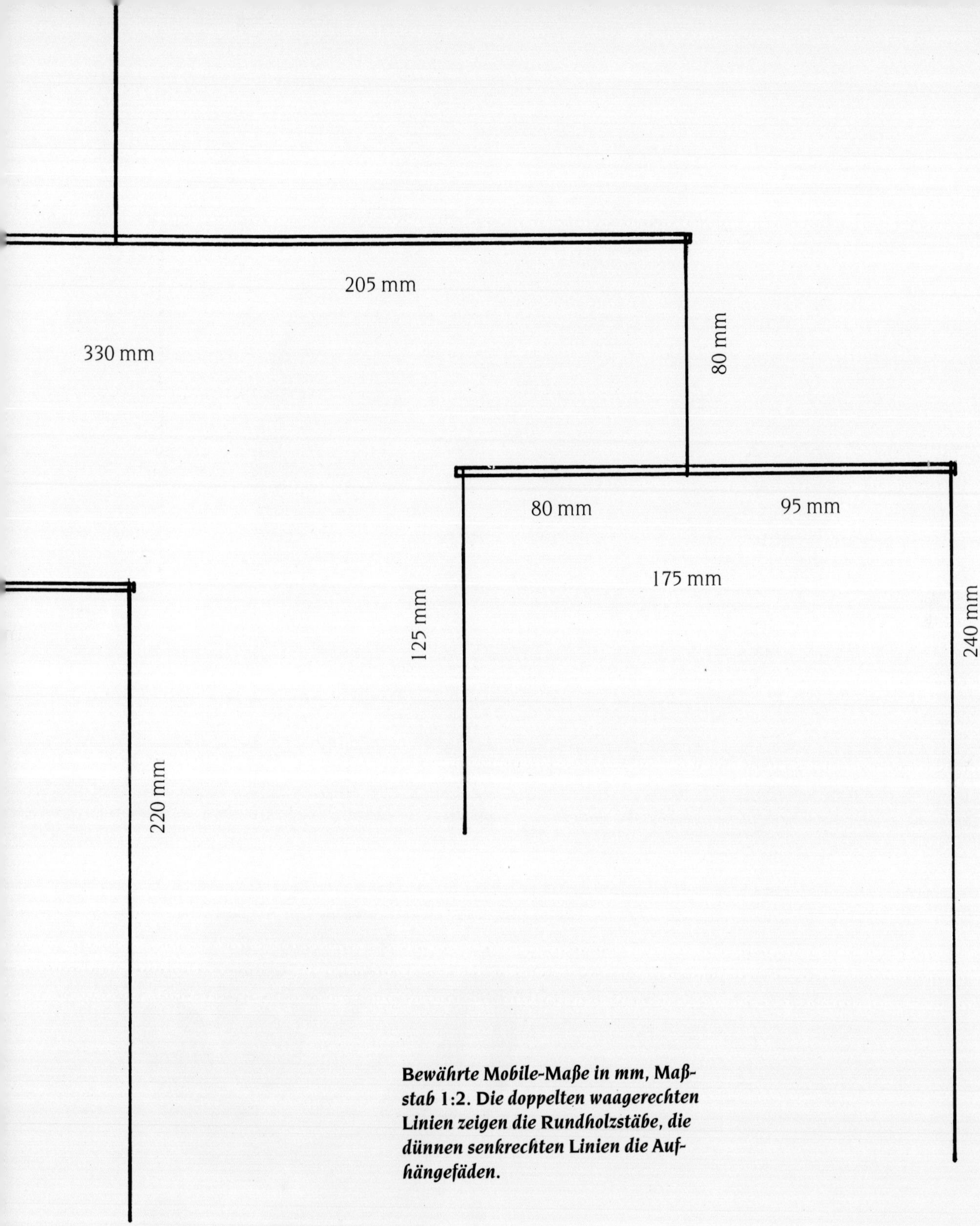

Bewährte Mobile-Maße in mm, Maßstab 1:2. Die doppelten waagerechten Linien zeigen die Rundholzstäbe, die dünnen senkrechten Linien die Aufhängefäden.

Teddy fliegt mit seinen Freunden

Mobile »Lustiger Insektenflug«

Übertrage die Einzelteile des Mobiles von der Vorlage auf den farblich passenden Tonkarton.
Die Grundform von Käfern, Faltern und Bären schneide einmal aus.
Zweimal ausgeschnitten werden die Schals, Gesichter und Körpermuster der Tiere.
Klebe diese Teile von beiden Seiten auf die Grundformen der Tiere und der Bären.
Bringe an den einzelnen Figuren einen Aufhängefaden an und befestige diesen rechts und links an einem Stück Holzstab. Lasse die Fäden etwas länger. Wenn Du alle Figuren an den Holzstäben befestigt hast, legst Du die Höhen der einzelnen Figuren fest.
Hänge das Mobile auf und verschiebe den Aufhängefaden so lange, bis alle Figuren waagerecht hängen. Dann gib etwas Klebstoff an die Befestigungspunkte, damit die Fäden nicht mehr verrutschen können, und schneide den Rest der Fäden ab.

Material
Tonkarton: braun, rot, weiß, gelb, beige, schwarz, blau, orange, hellgrün, tannengrün, lila, hellblau
Nähseide
Rundholzstäbe, 6 mm stark
Klebstoff

Viele Einzelmotive lassen sich prima zu Mobiles zusammenstellen

Der orange Schmetterling

Übertrage die Einzelteile des Bären und des Schmetterlings von der Vorlage auf den entsprechenden Tonkarton.

Die Grundform des Schmetterlings und des Bären schneide aus braunem Tonkarton einmal aus; die Flügel- und Körperteile, die Gesichtsteile und den Schal je zweimal.

Klebe diese Teile von beiden Seiten paßgenau auf die Grundform von Schmetterling und Bär. Aufhängefaden am Schmetterling befestigen.

Material
Tonkarton: braun, dunkelbraun, hellbraun, schwarz, hellblau, dunkelblau, rot, orange,weiß
Nähseide
Klebstoff

»Schmetterling, Du buntes Tier, Heute häng' ich sehr an Dir!«

Auge
Auge
Gesicht
Füße Hängebär

Der gelbe Schmetterling

Übertrage die Einzelteile des Bären und des Schmetterlings von der Vorlage auf den entsprechenden Tonkarton.
Die Grundform des Schmetterlings und des Bären schneide aus braunem Tonkarton je einmal aus, die Flügel- und Körperteile, die Gesichtsteile und den Schal je zweimal.

Material
Tonkarton: braun, hellbraun, schwarz, hellblau, dunkelblau, rot, gelb
Nähseide
Klebstoff

Klebe diese Teile von beiden Seiten paßgenau auf die Grundform von Schmetterling und Bär. Den Aufhängefaden am Ohr des Bären befestigen.

»Schmetterling, Du liebes Tier,
Bitte flieg' recht weit mit mir!«

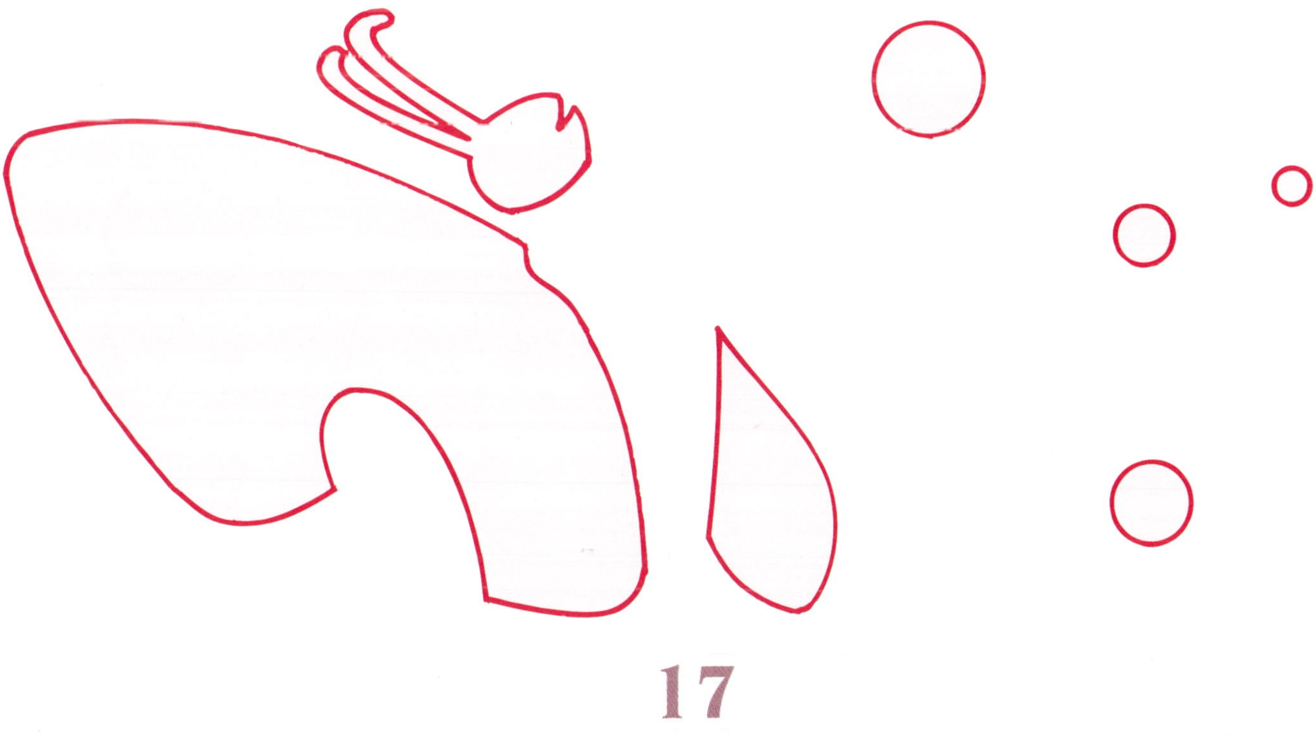

Der rot-weiße Schmetterling

Übertrage die Einzelteile des Bären und des Schmetterlings von der Vorlage auf den entsprechenden Tonkarton.

Schneide die Grundform des Schmetterlings und des Bären aus braunem Tonkarton einmal aus, die Flügel- und Körperteile, die Gesichtsteile und den Schal je zweimal.
Klebe diese Teile von beiden Seiten paßgenau auf die Grundform von Schmetterling und Bär. Den Aufhängefaden am Ohr des Bären befestigen.

Material
Tonkarton: braun, hellbraun, schwarz, dunkelblau, hellgrün, rot, weiß
Nähseide
Klebstoff

»Schmetterling, Du zartes Tier, Heute reit' ich gern auf Dir!«

Auge
Punkte Flügel

Der blaue Käfer

Übertrage die Einzelteile des Bären und des Käfers von der Vorlage auf den entsprechenden Tonkarton.
Schneide die Grundform des Käfers und des Bären aus braunem Tonkarton einmal aus, die Flügel- und Körperteile, die Gesichtsteile und den Schal je zweimal.

Material
Tonkarton: braun, hellbraun, schwarz, hellblau, dunkelblau, hellgrün, dunkelgrün, gelb
Nähseide
Klebstoff

Klebe diese Teile von beiden Seiten paßgenau auf die Grundform von Käfer und Bär.
Den Aufhängefaden am Ohr des Bären befestigen.

»Hoch durch die Lüfte fliegt der Bär, Den blauen Käfer mag er sehr.«

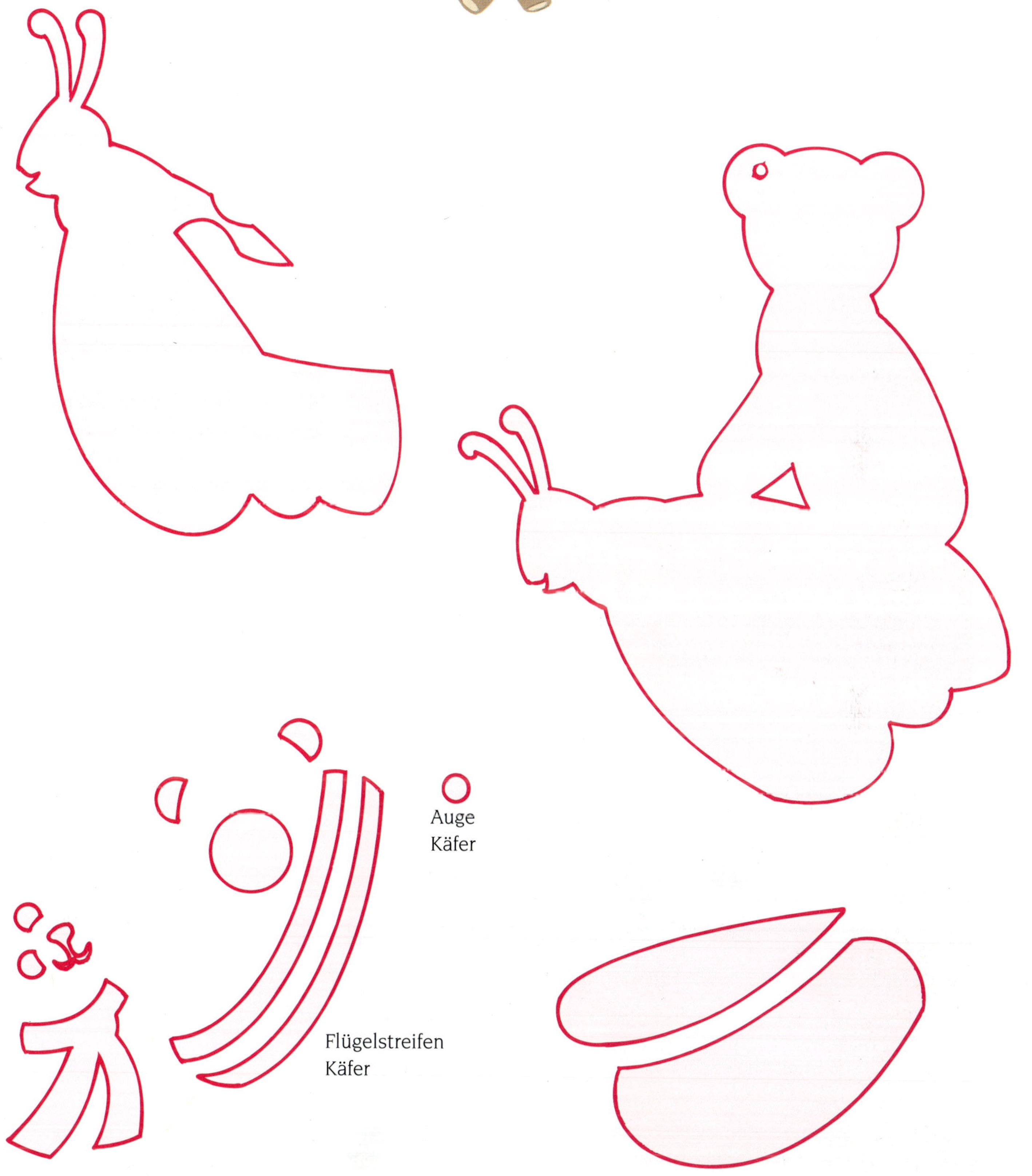
Auge
Käfer
Flügelstreifen
Käfer

Der Marienkäfer

Übertrage die Einzelteile des Bären und des Käfers von der Vorlage auf den entsprechenden Tonkarton.
Schneide die Grundform des Käfers und des Bären aus braunem Tonkarton einmal aus, die Flügel- und Körperteile, die Gesichtsteile und den Schal je zweimal.

Material
Tonkarton: braun, hellbraun, orange, rot, lila, schwarz, hellblau, dunkelblau
Nähseide
Klebstoff

Klebe diese Teile von beiden Seiten paßgenau auf die Grundform von Käfer und Bär. Den Aufhängefaden am Ohr des Bären befestigen.

*»Der Käfer bringt mir sicher Glück,
Zur Erde komm' ich auch zurück.«*

Auge

Bunte Luftballons

Übertrage alle Einzelteile von der Vorlage auf farblich passenden Tonkarton und schneide sie aus. Beklebe den Körper des Bären mit Innenohren, Brille, Schnauze, Schal und den Schnüren der beiden Luftballons.
Die Schnüre nur an den Luftballons einmal von vorn, einmal von hinten ankleben.

Material
Tonkarton: braun, mittelbraun, zitronengelb, hellgrau, mittelgrau, pink, hellblau
Filzstift, schwarz
Klebstoff
Doppelseitiges Klebeband

Schnauze und Augenschraffur des Teddys mit Filzstift aufzeichnen. Das fertige Fensterbild mit doppelseitigem Klebeband an der Fensterscheibe befestigen.

»Mit Mütze, Brille und Ballon Fliegt Pilot Bär auf und davon.«

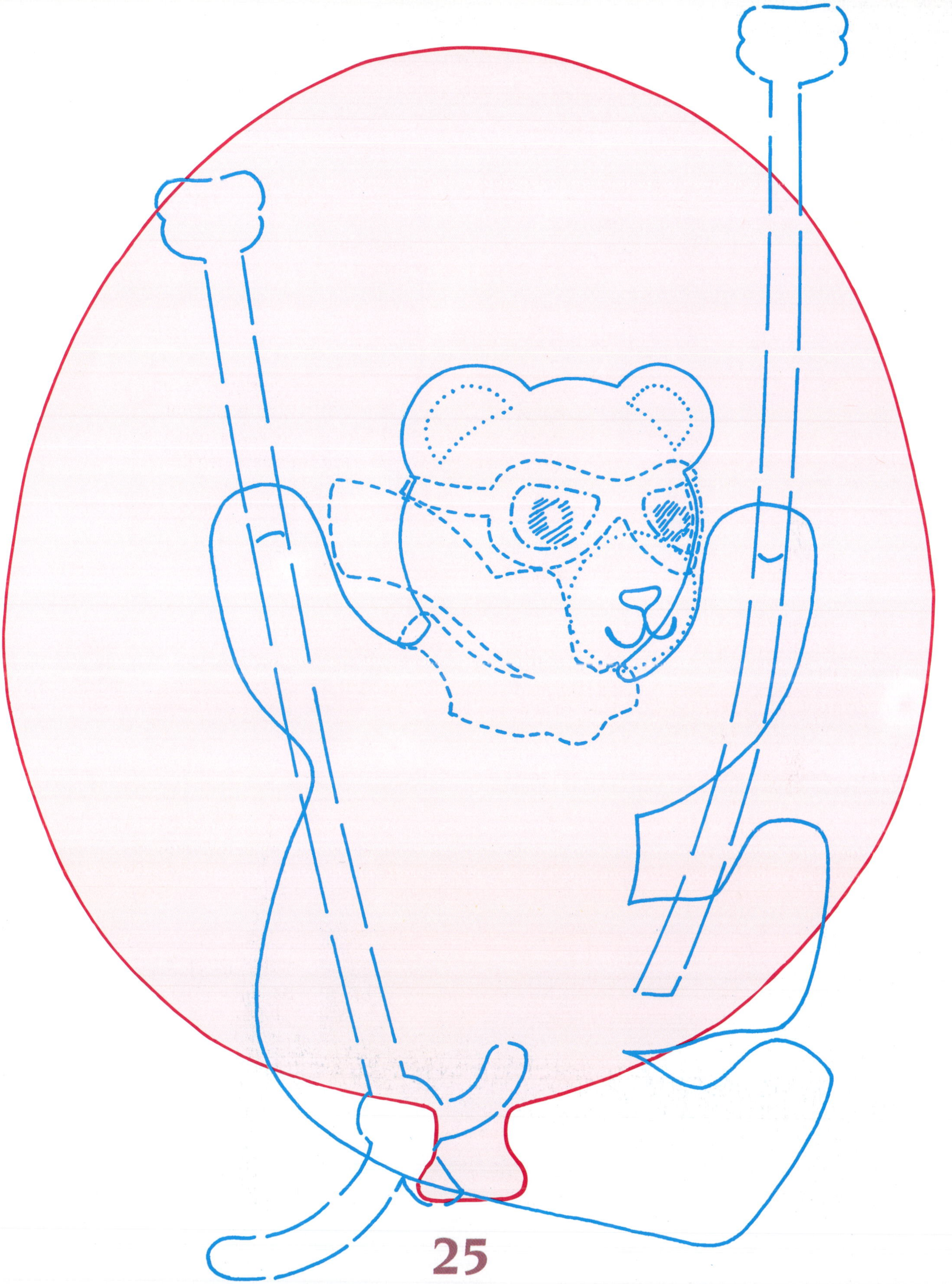

Teddy reist durchs Weltall

Mobile »Mond und Sterne«

Übertrage die Einzelteile des Mobiles von der Vorlage auf den farblich passenden Tonkarton.
Schneide die Einzelteile aus: Die Grundformen der kleinen Sterne, der Erde, des Mondes, des Sternes und des Kometen (durchgezogene Linie) schneide einmal aus. Zweimal ausgeschnitten werden die Gesichter, die Kleider der Bären, das Gesicht des Mondes, die Kometstreifen, der Kreis um die Erde (unterbrochene Linie) und die Innenmuster des bunten Sterns (durchgezogene Linie).
Klebe die Teile von beiden Seiten auf die Grundformen der Himmelskörper und der Bären. Die Grundformen der Bären werden paßgenau gegeneinander geklebt. Die Bären werden an den Himmelskörpern befestigt und mit Aufhängefäden versehen. Befestige diese Fäden rechts und links an einem Holzstab. Lasse die Fäden etwas länger: Erst wenn Du alle Teile befestigt hast, legst Du die Höhen der Figuren fest. Durch Verschieben des Aufhängefadens kannst Du das Gleichgewicht auspendeln.
Wenn alle Figuren waagerecht hängen, tupfst Du etwas Klebstoff auf die Befestigungspunkte und schneidest die Fadenenden ab.

Material
Tonkarton: braun, weiß, hellblau, dunkelorange, sonnengelb, hellorange, hellgrün, rosa, beige, schwarz
Nähseide
Holzstäbe, 6 mm stark
Klebstoff

»Weltall, Mond und Sterne Besuch' ich oft und gerne!«

Der geheimnisvolle Planet

Teddy reist durchs Weltall

Übertrage die Einzelteile von Bär und Planet von der Vorlage auf Tonkarton.
Die Grundform der Erde (durchgezogene Linie) einmal ausschneiden, die Grundform des Bären (durchgezogene Linie) zweimal. Das Kleid, die Gesichtsteile und den Planetenring (unterbrochene Linie) schneidest Du auch jeweils zweimal aus.

Klebe diese Teile von beiden Seiten auf die Grundform des Bären und setze die beiden Bärengrundformen paßgenau aufeinander. Bären auf den Saturnring setzen und Aufhängefaden am Planeten befestigen.

Material
Tonkarton: braun, hellbraun, orange, hellblau, weiß
Nähseide
Klebstoff

»Ob hier Weltraum-Bären leben?
Auf dem Saturnring bleib' ich kleben.«

Mit dem Mond auf Du und Du

Übertrage die Einzelteile des Bären und des Mondes von der Vorlage auf den entsprechenden Tonkarton.
Die Grundform des Mondes (durchgezogene Linie) schneide einmal aus, die Grundform des Bären (durchgezogene Linie) zweimal. Das Kleid, die Gesichtsteile von Mond und Bär (unterbrochene Linie) schneide je zweimal aus. Klebe diese Teile von beiden Seiten auf die Grundformen von Mond und Bär und setze die Bärengrundformen paßgenau aufeinander.
Bären auf den Mond setzen und den Aufhängefaden am Mond befestigen.

Material:
Tonkarton: braun, hellbraun, orange, gelb, hellgrün
Nähseide
Klebstoff

»Wer sagt denn, daß im gelben Mond
Nicht auch ein Teddybärchen wohnt?«

Besuch bei den Sternen

Übertrage die Einzelteile des Bären und des Sternes von der Vorlage auf Tonkarton.
Die Grundform des Sternes (durchgezogene Linie) schneide einmal aus, die Grundform des Bären, die Innenteile des Sternes (durchgezogene Linie), die Gesichtsteile und das Kleid (unterbrochene Linie) je zweimal.

Material:
Tonkarton: braun, hellbraun, orange, hellblau, weiß
Nähseide
Klebstoff

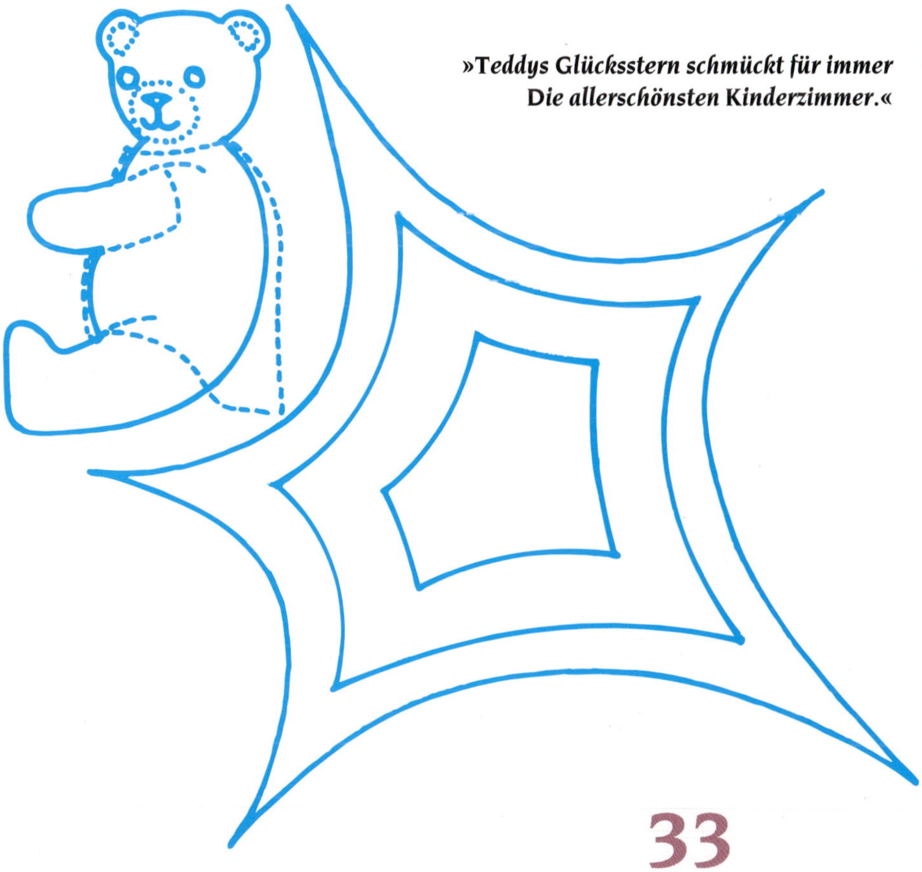

»Teddys Glücksstern schmückt für immer
Die allerschönsten Kinderzimmer.«

Klebe diese Teile von beiden Seiten auf die Grundformen von Stern und Bär und setze die Bärengrundformen paßgenau aufeinander.
Bären auf den Stern setzen und den Aufhängefaden am Ohr des Bären befestigen.

Die Sternennacht

Alle Teile von der Vorlage auf Tonkarton übertragen.
Die Grundformen des Bären und der Sterne (durchgezogene Linie) einmal ausschneiden, die Gesichtsteile und das Kleid (durchbrochene Linie) jeweils zweimal.
Klebe diese Teile von beiden Seiten auf die Grundform des Bären und befestige ihn an den Sternen.
Der Aufhängefaden wird an einem der Sterne angebracht.

Material:
Tonkarton: braun, hellbraun, rosa, gelb
Nähseide
Klebstoff

»Weißt Du, wieviel Sternlein stehen? Die schönsten hab' ich heut' gesehen.«

Der Kometenritt

Übertrage die Einzelteile des Bären und des Kometen von der Vorlage auf Tonkarton.
Die Grundform des Kometen (durchgezogene Linie) schneide einmal aus, die Grundform des Bären (durchgezogene Linie), Gesichtsteile, Kleid und die weißen Streifen des Kometen (unterbrochene Linie) jeweils zweimal.

***»Ich wag' einen Kometenritt,
Kommst Du in Deinen Träumen mit?«***

Material:
Tonkarton: braun, hellbraun, hellblau, gelb, weiß
Nähseide
Klebstoff

Klebe die Teile von beiden Seiten auf die Grundformen von Bär und Kometen. Die beiden Bärengrundformen klebe paßgenau aufeinander, nachdem Du den Aufhängefaden dazwischengelegt hast. Setze den Bären auf den Kometen und fixiere ihn mit Klebstoff.

Teddy ist nicht wasserscheu

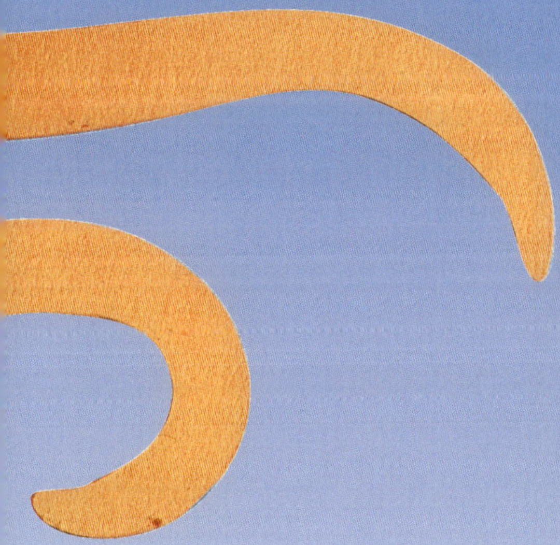

Mobile mit Meerestieren

Übertrage alle Teile auf den farblich passenden Tonkarton.
Die Grundform der Tiere und das Seerosenblatt einmal ausschneiden. Zweimal ausgeschnitten werden die Gesichter, die Badeanzüge, die Grundform der Bären, die Körpermuster der Tiere und die Seerosenblüte.

Material:
Tonkarton: braun, hellbraun, hellblau, dunkelblau, orange, sonnengelb, hellgrün, mittelgrün, rosa, rot, beige, schwarz
Nähseide
Holzstäbe, 6 mm stark
Klebstoff

*»Ich hab' gar keine Angst vor Schnupfen,
Und tu' ganz schnell ins Wasser hupfen.«*

Klebe die Teile von beiden Seiten auf die Grundformen. Auch die Bären paßgenau gegeneinander auf die Meerestiere kleben. Versehe die einzelnen Figuren mit einem Aufhängefaden und befestige diesen jeweils rechts und links an einem Stück Holzstab. Lasse die Fäden etwas länger, denn erst wenn Du alle Teile befestigt hast, legst Du die Höhe der Figuren fest. Durch Verschieben des Aufhängefadens kannst Du das Gleichgewicht auspendeln, bis alle Figuren waagerecht hängen. Etwas Klebstoff an die Befestigungspunkte tupfen, damit die Fäden nicht mehr verrutschen können, und die Fadenenden abschneiden.

Märchenhafte Seerosenfahrt

Übertrage alle Teile des Bären und der Seerose von der Vorlage auf Tonkarton.

Die Grundform des Bären und das hellgrüne Blatt (unterbrochene Linie) schneide je einmal aus, das Gesicht des Bären, die Seerose, das dunkelgrüne Blattmuster schneide je zweimal aus. Klebe diese Teile von beiden Seiten auf und befestige den Bären zwischen den Seerosenteilen. Den Faden als Aufhänger am Kopf des Bären befestigen.

»Im Seerosblätter-Paddelboot,
Da fahr ich übern Teich,
Ich sag' dem Frosch schnell: 'Guten Tag!
Zum Spielen komm' ich gleich!'«

Material:
Tonkarton: braun, hellbraun, rosa, dunkelgrün, hellgrün
Nähseide
Klebstoff

Der blaue Fisch

Alle Teile von der Vorlage auf Tonkarton übertragen.
Die Grundform des Fisches (durchgezogene Linie) einmal ausschneiden, die Grundform des Bären zweimal (durchgezogene Linie). Gesichter, Badeanzug und die Körpermuster des Fisches (unterbrochene Linie) ebenfalls zweimal ausschneiden.
Klebe diese Teile von beiden Seiten auf die Grundformen von Fisch und Bär. Lege nun den Aufhängefaden zwischen die Bärengrundformen und klebe diese paßgenau aufeinander. Den Bären auf den Fischrücken setzen und mit Klebstoff befestigen.

*»Teddy reitet durch die Wellen
Zu den fröhlichen Forellen!«*

Material:
Tonkarton: braun, hellbraun, hellblau, dunkelblau, orange
Nähseide
Klebstoff

Rochen-Rodeo

Material:
Tonkarton: braun, hellbraun, orange, gelb, hellblau, dunkelblau
Nähseide
Klebstoff

Übertrage die Einzelteile des Bären und des Rochens von der Vorlage auf Tonkarton.
Die Grundform des Bären und dessen Badehose, das Gesicht und die Grundform des Rochen (durchgezogene Linie) schneide je einmal aus, die Flosse und das Auge des Rochen brauchst Du je zweimal.
Klebe diese Teile von beiden Seiten auf die Grundform des Rochen und befestige den Bären darauf.
Zum Schluß den Bindfaden als Aufhängung an der oberen Flosse des Rochen befestigen.

»Wie ein Cowboy sitz' ich hier,
Der Rochenritt macht Freude mir!«

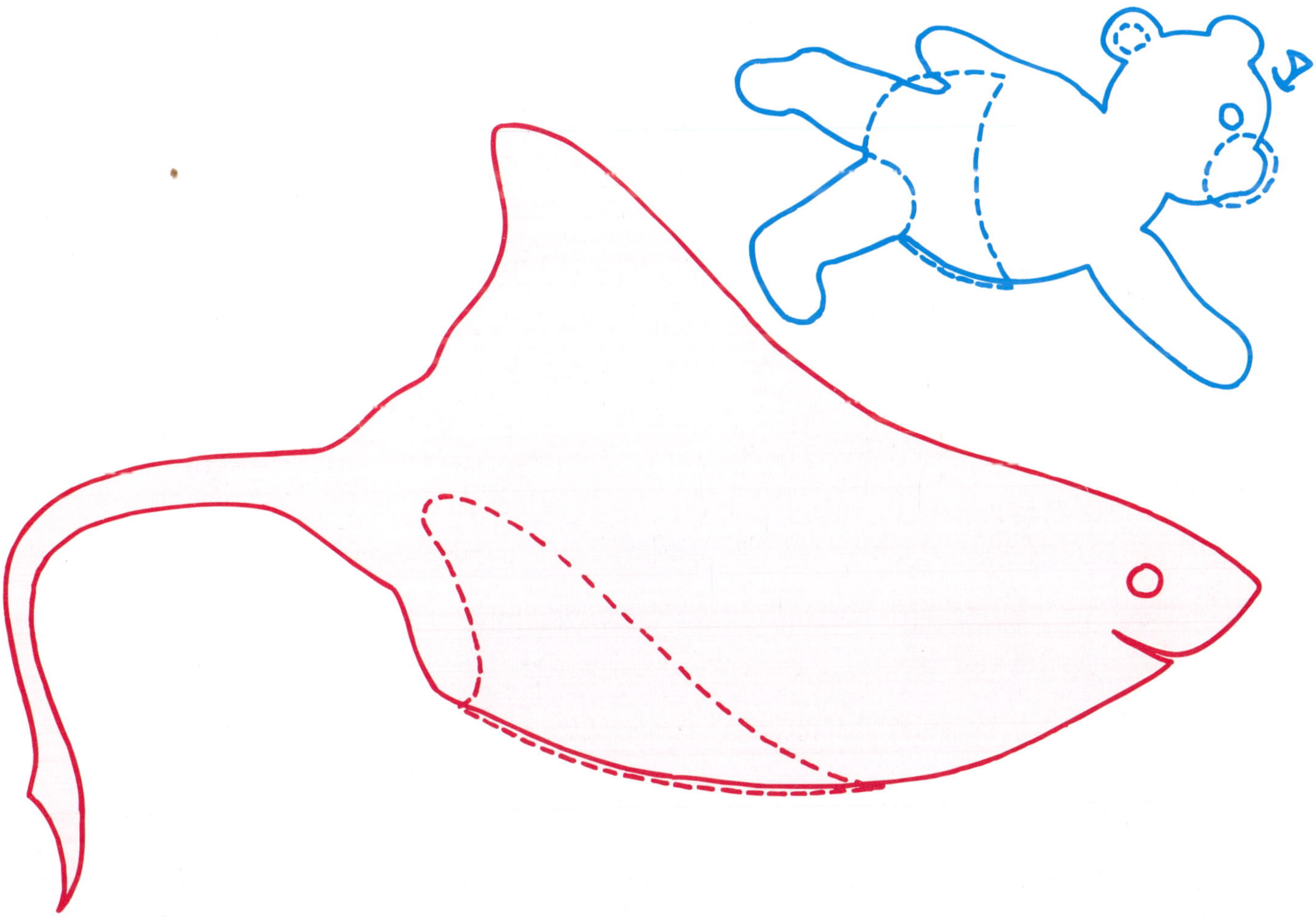

Tanz mit dem Kraken

Übertrage die Einzelteile des Bären und des Kraken von der Vorlage auf den entsprechenden Tonkarton.
Die Grundform des Bären und dessen Badehose, das Gesicht und die Grundform des Kraken (durchgezogene Linie) brauchst Du je einmal. Das Gesicht des Kraken schneide zweimal aus.
Das Krakengesicht von beiden Seiten auf die Grundform des Kraken kleben und den Bären in seine Fangarme. Hänge beide Teile am Ohr des Bären auf.

Material:
Tonkarton: braun, hellbraun, orange, rot
Nähseide
Klebstoff

»Ich tanze mit Frau Krake flott
Den achtarmigen Teddytrott.«

Der freundliche Seelöwe

Teddy ist nicht wasserscheu

Alle Teile von der Vorlage auf Tonkarton übertragen.
Die Grundform des Seelöwen (durchgezogene Linie) einmal ausschneiden, die Grundform des Bären (durchgezogene Linie) zweimal. Auch Gesichter, Badeanzug, Bart, Flossen und Schwanz (unterbrochene Linie) zweimal ausschneiden.

Klebe die Teile von beiden Seiten auf die Grundformen von Seelöwe und Bär. Klebe die Bärenkörper paßgenau aufeinander und hänge den Bären am Ohr auf, setze ihn auf den Seelöwen und befestige ihn dort mit Klebstoff.

Material:
Tonkarton: braun, hellbraun, hellgrün
Filzstift, schwarz
Nähseide
Klebstoff

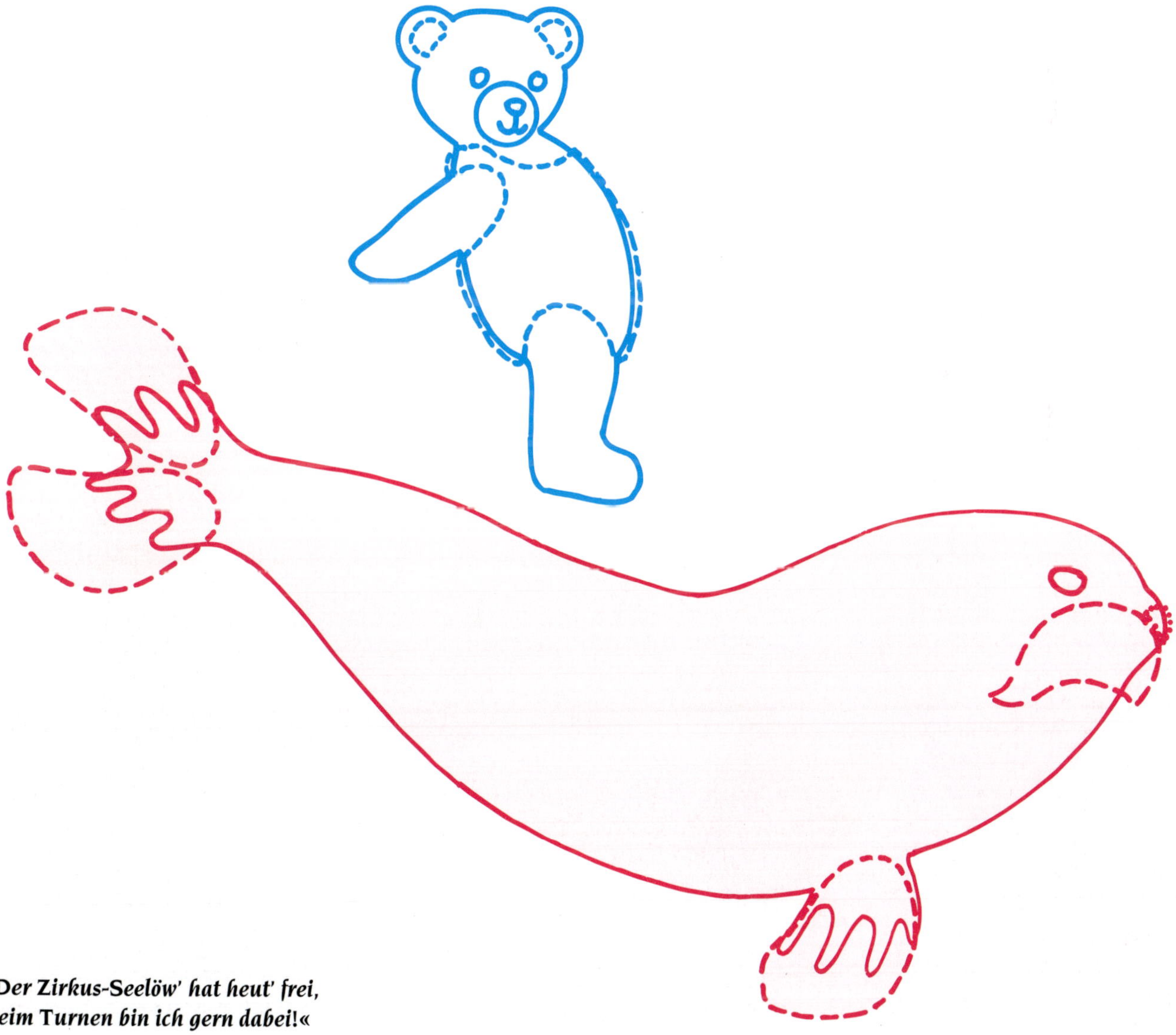

***»Der Zirkus-Seelöw' hat heut' frei,
Beim Turnen bin ich gern dabei!«***

Bäriges vom Bauernhof

Das Pferd

Wenn Du alle Teile ausgeschnitten hast, bastelst Du zuerst das Pferd: Klebe die Schnauze auf den Pferdekopf und zeichne Maul und Nüster mit schwarzem Filzstift darauf. Augenumrandung aufkleben, mit dem Filzstift das Auge in die Mitte malen und dabei ein wenig Weiß stehen lassen, das gibt den Lichtpunkt.
Klebe das kleine Mähnestück über das Auge, das große Mähnenteil wird unterhalb des Ohrs befestigt. Schwanz und Hufe von hinten festkleben.

Nun kommt der Bär dran: Stiefel, Jacke, Hut, Innenohren, Schnauze und Augenweiß aufkleben. Die Pupillen mit Filzstift auf das Augenweiß malen, dabei einen kleinen weißen Fleck als Lichtpunkt freilassen. Auch die Schnauze wird mit Filzstift aufgezeichnet.
Zum Schluß den Bären am Pferdekopf festkleben.

Material
Tonkarton: schwarz, mittelbraun, rot, weiß, hellgrau, dunkelgrau, apricot
Filzstift, schwarz
Klebstoff

»Reit' ich mein Pferd, den Lippizaner,
Fühl' ich mich stolz wie ein Indianer!«

Die Kuh

Wenn Du alle Teile ausgeschnitten hast, klebst Du zuerst die schwarzen Fellteile, dann den Kopf auf den Körper der Kuh. Hörner aufkleben, dann das Gras unter dem Maul, das Auge und das weiße Fellstück. Nasenloch und Pupille mit Filzstift aufmalen, dabei einen kleinen weißen Fleck als Lichtpunkt stehen lassen.
Schwanz und Hufe werden von hinten angeklebt.

Schubkarrengriff auf das Rad kleben, darauf wiederum das Grasstück kleben.
Die Teile des Bären bitte in dieser Reihenfolge aufkleben: Schuhe, Kleidung, Halstuch, Schubkarre, Arm, Schnauze, Augenweiß, Innenohren. Pupille und Nasenlöcher werden mit Filzstift aufgezeichnet, ebenso die Pupille, bei der wieder ein kleiner weißer Punkt als Glanzlicht ausgespart wird.

Material
Tonkarton: braun, schwarz, mittelbraun, hellblau, weiß, mittelgrau, hellgrün, grün, rot, apricot, rosa
Filzstift, schwarz
Klebstoff

»Die Kuh kriegt gerade frisches Futter, Sie gibt uns Milch, Quark und auch Butter.«

Das Schwein

Material
Tonkarton: braun, schwarz, mittelbraun, hellblau, weiß, hellgrau, dunkelgrau, dunkelbraun, rosa
Filzstift, schwarz
Klebstoff

***»Das dicke Schweinchen, das Ihr seht,
Frißt meinen kleinen Eimer ganz,
Dann grunzt es vor Vergnügen laut
Und kringelt seinen Ringelschwanz.«***

Zuerst alle Teile sorgfältig auf Tonkarton übertragen und ausschneiden.
Nun bekommt das dicke Schweinchen seine braunen Flecken auf den Körper geklebt; dann kommen Augenweiß und Ohr dran.
Schwanz und Hufe werden von der Rückseite aufgeklebt. Mit Filzstift malst Du Rüssel, Maul und Auge, wobei Du einen kleinen weißen Lichtpunkt im Auge aussparst.
Kleidung und Gesicht des Bären in dieser Reihenfolge aufkleben: Innenohren, Augenweiß, Schnauze, Hose, Arm. Beim Aufkleben der Schuhe hebst Du die Hosenbeine des Bären etwas hoch und schiebst die Schuhe darunter.
Augen und Schnauze mit Filzstift aufmalen.

Der Hahn

Material
Tonkarton: hellbraun, dunkelbraun, apricot, orange, sonnengelb, grün, lila, hellrot, schwarz, grau, weiß
Filzstift, schwarz
Klebstoff

»Gleich fängt der eitle Gockelhahn Bestimmt recht laut zu krähen an.«

Alle Teile sorgfältig übertragen und ausschneiden. Zuerst den Hahn schmücken. Auf den braunen Körper werden Schwanzfedern, Kopfteil, Kamm, Kehllappen, Augenweiß und Schnabel aufgeklebt; die Krallenfüße von hinten ankleben.

Auf den Kopf des Teddys klebst Du Innenohren, Augenweiß, Halstuch, Schnauze, Hose, Körner und Schüssel. Arm und Stiefel von der Rückseite ankleben.
Nun werden bei beiden Tieren Augen und Schnabel oder Maul mit schwarzem Filzstift aufgezeichnet. Beim Auge einen kleinen weißen Fleck als Lichtpunkt stehen lassen.

Der kleine Hase

Wenn Du alle Teile übertragen und ausgeschnitten hast, nimmst Du den Hasenkörper zur Hand. In dieser Reihenfolge bekleben: zuerst die schwarzen Felltupfen, dann das Ohr, an dem die Rückenzeichnung und das Schwanzteil hängt. Nun Augenumrandung und Schnauze aufkleben, dann das zweite Ohr von hinten befestigen.
Dem Bären klebst Du die Teile wie folgt auf: Innenohr, Augenweiß, Hose, Halstuch, Schnauze, Karotte, rechter Arm, Hase, rechtes Bein. Linkes Bein und linker Arm werden von hinten aufgeklebt.
Mit schwarzem Filzstift das Maul des Teddys, mit rotem das des Hasen aufmalen. Die Augen malst Du mit schwarzem Filzstift, dabei läßt Du wieder einen weißen Punkt als Glanzlicht frei.

Material
Tonkarton: braun, mittelbraun, schwarz, weiß, rot, orange, hellgrün, gelbgrün
Filzstifte: rot, schwarz
Klebstoff

»Karotten liebt das kleine Häschen, Es mümmelt keck mit schwarzem Näschen.«

Die Ente

Alle Teile übertragen und ausschneiden. Den Entenkörper erst mit der schwarzen, dann mit der blauen Schwanzfeder bekleben. Nun folgen Hals, Kopf, Augenweiß und Halsband. Der Schnabel wird von hinten angeklebt.

Den Bärenkopf mit Innenohren, Augenweiß und Schnauze bekleben. Kopf auf das Hosenteil kleben, dann kommt der rechte Arm dran. An diesem wird nun die Ente aufgeklebt. Linker Arm, Brot und Beine von hinten ankleben. Augen (einen kleinen weißen Lichtpunkt freilassen) und Teddymaul mit schwarzem Filzstift aufmalen. Das Brot wird hellbraun umrandet.

Material
Tonkarton: dunkelbraun, mittelbraun, hellbraun, schwarz, dunkelblau, hellblau, weiß, chamois, pink, grün, hellgrau, sonnengelb
Filzstifte, hellbraun, schwarz
Klebstoff

»Die Ente schnattert munter vor,
Was sie erlebt hat, ich bin ganz Ohr.«

Teddy spielt zu Hause

Das Vögelchen

Material
Tonkarton: hellgrün, mint, braun, mittelbraun, dunkelbraun, rot, gelb, schwarz
Filzstift, schwarz
Lackstift, weiß (Kreul)
Klebstoff

»Der kleine Vogel singt so zart, Ich kann nur brummen auf Bärenart.«

Wenn Du alle Teile übertragen und ausgeschnitten hast, kommt der Teddy an die Reihe. Auf sein Kopfteil werden Schnauze, Augen und Innenohren geklebt. Augenweiß mit weißem Lackstift, Schnauze mit schwarzem Filzstift aufzeichnen. Jetzt klebst Du zuerst das mintfarbene Kleid auf den Bärenkörper, dann den linken Arm auf das Kleid. Den gelben Vogelkörper mit Kopffeder und Flügel bekleben; Auge und Schnabel kannst du mit Filzstift aufzeichnen. Das Vögelchen auf den rechten Teddy-Arm kleben. Zum Schluß setzt Du den Teddy zusammen mit den bunten Blumen auf das hellgrüne Grasstück.

Das Kätzchen

Material
Tonkarton: braun, hellbraun, schwarz, weiß
Filzstifte, rosa, rot, schwarz
Klebstoff

»Mein kleines schwarzes Schmusekätzchen Hat vier weiche weiße Tätzchen.«

Alle Teile übertragen und ausschneiden. Den Katzenkörper von hinten mit dem weißen Bauchteil bekleben; die weißen Pfötchen und das Schwanzende klebst Du von vorn auf. Nun das weiße Ohr, das weiße Fell zwischen den Ohren, das Augenweiß und die Schnauze aufkleben. Male das Auge mit schwarzem, die Nase mit rosafarbenem und das Mäulchen mit rotem Filzstift.
Beklebe den Teddy mit Innenohren, Augenweiß und Schnauzenteil. Nasen und Augen werden mit schwarzem Filzstift aufgemalt. Dabei läßt Du beim Auge jeweils einen kleinen weißen Lichtpunkt frei.
Jetzt klebst Du das Kätzchen auf Teddys Bauch und darüber seinen linken Arm. Die rechte Tatze setzt Du zwischen die Katzenpfoten.

Teddy als Koch

Alle Teile übertragen und ausschneiden. Den Bärenkörper in dieser Reihenfolge bekleben: Innenohren, Augenweiß, Halstuch, Schnauze, Schürze, Schüssel, Teig, Kochlöffel, rechter Arm, linker Arm, Pantoffel. Das Schürzenband wird von hinten aufgeklebt. Schnauze und Augen mit schwarzem Filzstift aufzeichnen, dabei einen kleinen weißen Punkt als Glanzlicht frei lassen.

Material
Tonkarton: braun, hellbraun, mittelbraun, grau, weiß, hellblau, beige
Filzstift, schwarz
Klebstoff

***»Ich koch' mir süßen Honigbrei,
Willst Du auch was?
Dann komm' vorbei!«***

Es regnet

Alle Teile übertragen und ausschneiden. Den Bären mit Innenohren, Augenweiß, Jacke, Kragen, Schnauze und Stiefel bekleben. Die Jackenknöpfe werden mit rotem Filzstift aufgemalt, Schnauze und Augen mit schwarzem Filzstift. Laß dabei einen kleinen weißen Lichtpunkt im Auge frei. Nun den Schirmgriff mit dem roten Mittelteil, dem hellgrünen Teil rechts und dem hellblauen Teil links bekleben. Zum Schluß klebst Du den Regenschirm von hinten an den Teddy.

Material
Tonkarton: braun, dunkelbraun, mittelbraun, hellblau, weiß, sonnengelb, zitronengelb, hellgrün, rot
Filzstifte: rot, schwarz
Klebstoff

»Es regnet, es regnet,
die Erde wird naß,
Das Hüpfen durch Pfützen
macht riesigen Spaß!«

Bärenmutter mit Baby

Alle Teile übertragen und ausschneiden. Mutter und Baby Bärs Köpfe mit Innenohren, Augenweißen und Schnauzen bekleben. Augen (einen kleinen Punkt freilassen!) und Schnauzen mit schwarzem Filzstift aufmalen, Mutter Bärs schwarze Wimpern auf die rosafarbenen Oberlider kleben und den Kopf auf das blaue Kleid setzen. Den kleinen Bärenkopf auf den rosa Overall kleben, die hellbraunen Tatzen von hinten ansetzen und das Bärenbaby auf dem blauen Kleid befestigen.

Nun die dunkelbraunen Arme aufkleben, ebenso die Schuhe auf Mutter Bärs Beine. Die Beine werden von hinten angesetzt.

Material
Tonkarton: braun, schwarz, mittelbraun, mittelblau, weiß, hellbraun, chamois, rosa
Filzstifte: rosa, schwarz
Klebstoff

»Das Bärenbaby wird zur Nacht Von Mutter Bär ins Bett gebracht.«

Der Nikolaus kommt

Material:
Tonkarton: braun, mittelbraun, weiß, rot, sonnengelb
Filzstifte: schwarz, hellbraun
Klebstoff

Alle Teile übertragen und ausschneiden. Nun beklebst Du Teddys Kopf mit Innenohren, Augenweiß, Bart, Schnauze, Schnurrbart, Mütze, Fellrand und Mützenbommel. Dann klebst Du den ganzen Kopf auf das rote Mantelteil.
Den Mantel in dieser Reihenfolge verzieren: weißer Fellbesatz am unteren Saum, brauner Gürtel, Sack, linker Handschuh, Fellbesatz an den Ärmeln.
Stiefel auf die Beine kleben, diese hinten ansetzen, ebenso den rechten Handschuh. Wie Du auf dem Foto siehst, wird ein Teil des Glockengriffs vorn, der andere hinten aufgeklebt. Glocke aufkleben und den Schlegel mit hellbraunem Filzstift bemalen. Teddys Augen und Schnauze werden mit schwarzem Filzstift aufgemalt, dabei läßt Du einen kleinen weißen Lichtpunkt frei.

»Teddybär als Nikolaus: Sieht er nicht einfach super aus?«

Deutsche Bibliothek – CIP-Einheitsaufnahme

Sieglinde Holl:
Teddybären-Fensterbilder aus Tonkarton : Vorlagen in Originalgrösse / Sieglinde Holl. – Augsburg : Augustus-Verl., 1995
ISBN 3-8043-0326-9
NE: HST

Die im Buch veröffentlichten Ratschläge wurden von Verfasserin und Verlag sorgfältig erarbeitet und geprüft. Eine Garantie kann denoch nicht übernommen werden. Ebenso ist eine Haftung der Verfasserin bzw. des Verlages und seiner Beauftragten für Personen-, Sach-und Vermögensschäden ausgeschlossen.

Lektorat: Eva-Maria Kuß, Oberottmarshausen
Umschlaggestaltung: Christa Manner, München
Layout: Bernd Walser, München

AUGUSTUS VERLAG AUGSBURG 1995

Satz: Bernd Walser Buchproduktion, München
Reproduktion: Fotolito Longo, Frangart
Druck und Bindung: Appl, Wemding
Gedruckt auf 120 g/m² elementar chlorfrei gebleichtes Papier
ISBN 3-8043-0326-9
Printed in Germany